AF193214

BRUMA CALIMA

ÆREA | *carménère*

Laura Sanz Corada

bruma calima

861   Sanz Corada, Laura
S   bruma calima / Laura Sanz Corada --
      Santiago-Barcelona : RIL editores-Ærea |
      Carménère, 2024.

        60 pág. ; 23 cm.

        ISBN: 978-84-10248-10-6

        1 POESÍA ESPAÑOLA. 2 LITERATURA ESPAÑOLA.

ÆREA | *carménère*

Serie dirigida por
Eleonora Finkelstein y Daniel Calabrese

BRUMA CALIMA
Primera edición: mayo de 2024

© Laura Sanz Corada, 2024

© Ærea, 2024

Un sello de RIL® editores
SEDE SANTIAGO DE CHILE: Los Leones 2258 • CP 7511055 Providencia
☎ (56) 22 22 38 100 • ril@rileditores.com • www.rileditores.com

SEDE VALPARAÍSO: Cochrane 639, of. 92 • CP 2361801 Valparaíso
☎ (56) 32 274 6203 • valparaiso@rileditores.com

SEDE ESPAÑA: europa@rileditores.com

Composición y diseño: RIL® editores
Diseño de colección: Marcelo Uribe Lamour
Imagen de portada: Fotografía de la autora intervenida por Tania
Porras.

Impreso en España • *Printed in Spain*

ISBN: 978-84-10248-10-6
Depósito Legal: B 9664-2024

Derechos reservados.

A mi hermana saharaui Tekbir, تَكْبِير,
Chekeiber, susurradora y coautora de estos poemas.

Busco recuerdos
en las rendijas
de mi memoria rota.

Zahra el Hasnaui

Era la humana. Yo aspiraba a ser ella.
Y ella se quedaba entre dios y yo.

Sharon Olds, en «Oda a mi hermana»

Verano, 2001

Era una niña con sueño de nieve
a quien no le habían hablado
de la quemadura blanca
el suyo era un nombre de años
que guiaba para sí misma el olvido
de los olmos a la ribera
de sus hojas sobre el agua
del charco sobre el asfalto
                    y su arcoíris.

Juntas vimos
tantas cosas nuevas
derretirse el primer copo en su piel tallada
la distancia del mar
a través de unos ojos
recientes
aquel homenaje
a un nacimiento.

Descubrimos que era cierto aquello de la nieve
y el sueño.
Todo en la vida es agua.

LAS NIÑAS NO EXISTEN.
No salen a pasear desnudas.
No van cargadas con bolsas llenas de pan blando
          de aquello dorado que vieron en el cine.
Las niñas quieren decirse pero
No, padecen la enfermedad del pueblo
No rastrean el olor de un árbol nuevo, No
deambulan de noche, con el talento de fingir
el cuerpo incorpóreo.
No es posible que las niñas estén aquí
Nadie las ha oído llorar de existencia o de muerte
Nadie ha encontrado el objeto
                              expresión de su dicha.
No.
Las niñas, no.

JULIO, 2001

En este encuentro bajo los pinos
la merienda es una imagen cálida
manos arrugadas forman el mapa
de la niñez temprana
pieles agrietadas
por la costumbre de sol.
No queremos comprender
desde el hambre quieto
porque la comprensión es algo
que señala
la guerra.

Agosto, 2001

Eran niños de ojos blancos
y alma de calima
habían aprendido a despedir
algo sin nombre
el poder, la mancha,
la falta de agua.
En la noche bastaba con llamar
al desierto:
el verano
se expulsaba de sus cuerpos
como un golpe
como si alguien
hubiera recordado el adobe
el crujido hereditario
un temblor.
No había más política descubierta
que el llanto de los niños.

MUDEZ I

Cortar el mapa como la carne
hacer del tajo / una frontera
si no hay rojo que haya
un camino / que nos deje
justo en la orilla
tú // cuerpo roto
que golpeas contra el agua
saltan gotas
como saltan
las almas /del filo.
Tu nombre no cabe
en la cartografía.

LOS VERANOS

Como un anuncio de lluvia en el desierto
acogemos a las hijas de un conflicto
asumido
y arenoso
en el resguardo
del fuego y la oración
¿cómo se besan los labios de
los países quebrados?
existe una sombra
en la infancia nueva.
Esta niña señala el mar.

HERMANA:
las manos metidas
en la boca del camello.
La sed fluye igual que el deseo.
No es un lobo
pero gime.

MI HERMANA
de lentas batallas de otros
sé que no pisas el césped de igual manera
que caminamos duelos separados
¿me darás espacio en tu ala?
vamos a hacernos lugar en este borde.

Has llegado como un augurio
la que mira a los pájaros familiares
y ahora masticamos las hojas de laurel
que caen por tu pelo negro.
El cielo quedará despejado
para que tú lo incendies.
Estaremos juntas
como un hechizo.

PROFECÍA

Conocíamos la profecía
salir a la calle y ver que todos
nos anunciaban
hermanas de luz lejana, hermanas
¿a qué río, hoy, a qué mar?
nosotras paseábamos de la mano
sobre el rastro de ningún mapa
sobre la raíz de ningún idioma
¿la niebla es agua dulce?
los habíamos ahogado de cariño.

MUDEZ II

Toca la corteza / hunde el dedo corazón
en los surcos.
Puede que pronuncie
el nombre / de su nacimiento
después de perfilar
el tronco / su cavidad.
Desconoce la palabra árbol
lo que palpa es
el tallo del lenguaje
en su muda.

Mudez iii

Llegabas despacio, tocabas la comida desde el lugar del
hambre viejo,
salías corriendo

y yo te miraba
yo te miraba

con el fruto inmaduro
sin poder decirse.

Llamaste mamá a mi madre
y en esa palabra hecha
pregunta hacia la genealogía
nos hicimos hermanas.
No está en la sangre la herencia
está en el lenguaje
pero qué patrimonio encontraremos
en tu piel si está a la deriva en la arena
si está el horizonte
desabrigado
si tu voz ya no
tu voz
como resquicio de que algún día
fuiste.

Corría el agua y a tus pies
se reunían
los insectos nuevos de la playa.
Nuevos para ti
por tu mirada blanca.
¿Cómo pasa el tiempo por los cuerpos
de los animales sin sed?
Tú, que habías aprendido que la espera
y la búsqueda
eran la misma cosa
señalaste la ola —¡*mira!*—
antes de que rompiera.

1998

Cuentas que, en tu casa de adobe,
unos hombres vistieron largos vestidos,
nadie se dio cuenta de su maldición salvo tú,
que señalaste riendo y luego enmudeciste.
Permaneciste pegada a tus hermanas
hasta que la noche os cerró
los ojos en un susurro tibio.
Tu mente soñaba, abierta, y anocheció
dentro de una tormenta
sin aves.
Por la mañana, las nubes llegaron
con el color de la madera roída.
El llamado al rezo te despertó y respiraste
lo que era el inicio de un huracán desértico.
La verdad estaba a salvo bajo las faldas
de aquellos hombres, sus intenciones.
A dónde fueron, ojos negros,
¿encontraron la fugaz manera
de ser libres?

ME PREGUNTO SI ALLÍ
miras las cosas de igual manera
si tienes que reinventar los espacios de los animales
acuáticos o los de las ardillas de bosque de coníferas.
Debe ser agotador volver a inventar algo
que no conociste, como el que llega a su paisaje
y lo encuentra quemado.
Quizás tuviste que arder para llegar
al mundo alisado
o tal vez
(ingenua yo) tampoco recuerdes nada
de este mundo compartido y nuestro,
que sigue siendo mío
y con el que no sé
eso también es difícil
resignificar lo que siempre
he vivido.

Bruma calima

La nieve fue blanca
porque la nieve no podía ser
del color de la arena porque la
nieve es agua y la
arena nunca líquido azul.
En esta imposibilidad de elementos nosotras
                            seguimos existiendo.
Es probable más que probable es cierto
hay una grieta

en las niñas que fuimos.

Una grieta donde
se acumula la arena porque la arena no
es nieve no es agua la
arena se agolpa entorpece el
paso de la luz.

¿Por qué orificio con qué
ojo de qué mágica manera
podremos vernos así
de nuevo ser
niñas en la nevada?

2004

Primero la caída
segundo el codo contra el asfalto
aquí el polvo se arraiga
tercero la raja sobre la carne
mi interior temprano
cuarto, tu grito de dolor por el barrio
la casa vecina
quinto, el hueso de tu hueso intocable
ahora partido en dos
para siempre.

SI EL AZÚCAR ES AQUELLO QUE DECÍAS
reposado en un cristal al fondo, disuelto en agua

Amargo como la vida
Dulce como el amor
Nativo como la muerte

entonces salta hacia el mundo
un dolor reconocido
y mi ineptitud
para pronunciarlo.

DE RECORDAR ME DUELE TODO
me duele el pie, que corresponde
al trasiego de tu cuerpo
tratando de abrir su huella
me duele bajo las costillas
lugar que alberga el sosiego
que nos diferencia.
Nadie sabe qué entraña
se superpone
a qué otra
en la llanura de grava
nadie sabe cuál viene primero
si el estómago o el hígado
capaces de devorarse todo
en un estado de injusticia geográfica.

Después el dolor se desplaza *o se expande*
al esófago, particularmente denso
y lugar de enunciación y silencio

y del silencio   la ronquera
inhabitada, reencontrada, fugitiva.

1973

Y seguramente en un lugar apretado
en el rincón más frío del desierto
alguien pudoroso se cayera en un descuido
y al grito de los niños dijera:
¡Vayámonos de aquí construyamos un paisaje ancestral!
Qué ingenua nuestra oreja de niña temblorosa
que escucha a los otros
enredar los hilos
llenar de lodo
un mundo nuevo.

EL ÚLTIMO VERANO

Es un lenguaje parecido: hablar
de los cuerpos extranjeros como si
en la infancia nueva pudiéramos ver
el espejo de la rabia.
Te metes en un pantano
tu pelo rizado se estira
el agua se moldea en los huecos
miras mi cuerpo desde arriba
cuando buceo, miras mi cuerpo
a través del vaso, miras mi cuerpo
en la piscina o cuando con la manguera
me riegas de furia.

El agua no borra
pero calma
los límites de la carne.

QUÉ RUINA, QUÉ HIRIENTE
desnudez, qué dolor ajeno
que se hunde
llegará a hablarnos con la
voz
de la mano suave

grietas

nada más
que   grietas

si las estatuas
fueran de arena y tuvieran
la forma de tu cuerpo
hablarían al borde de un nacimiento
¿quién estuvo ahí? ¿quién tendió
la sábana blanca para que tu color
fuera velado?

REPARTIREMOS EL PAN EL DÍA DE TU DESPEDIDA
crearemos un sinfín de llantos inventados
allí donde las letras querrán
formar tu nombre
pero yo respondo
a un alfabeto enmudecido
lloraremos en silencio
el pan de cada plato acerca
la distancia de los cuerpos.

AÚN QUEDA ALGO
¿qué?
de la rosa fosilizada que compartiste.
Para mí, tu sombra.
Para los buitres, el cadáver bello
que nadie se atreve a observar.
Y para la familia
un
lugar
inhóspito.

TENEMOS UN SUSTO ACURRUCADO
como la despedida
que no llega con el adiós
de las distancias
sino con la promesa   inerte.
No desciframos el olor
de las fronteras porque no sabemos
respirar con el ritmo
de la palabra blanda.

SI PIDIERA UN DESEO
tendría la forma del aire
ya soy nada
una niña lenta
como el hogar de tu lágrima
quédate, prometo darle
la vuelta a los papeles que
no dan espacio a tu nombre
estallará un color blanco
de lejanía, estaremos más cerca
de la nieve derretida.

Noviembre, 1975

I

Noviembre de finales de los setenta,
las aves migratorias quedaron entre Cádiz
y el desierto.
Las miradas, todas *¿acaso hay únicas?* reflejaban el estrecho,
    un mar
de lejanía suave.
Los más bravos
se acercaron.

El silencio de la traición, escarcha sobre palabra.

II

Tu madre tenía diez años, la holgura del linaje
a la ida de sus pies.

III

Despoblada de unos ríos lentos,
el verano en tu vida se parece   *a la mancha* a la libélula
que lenta llega
como una lluvia de febrero sin agua.

IV

Arriada la bandera,
un pueblo nace y tú lo nombras.

14 DE NOVIEMBRE, 1975

Tantos países que
la vida no es más
cercanía.
Te han engañado
lo universal nunca fue
algo cósmico / comunidad
lo universal es
la gota
roja
el enigma
de las manos.

No verán la boca del rugido
porque creen que los sonidos animales
son
minúsculos
como este pueblo ocultado
en el ritmo   de los latidos viejos.

UN RECORRIDO HACIA EL MAR
ahora que las nubes de nuevo
ahora que el olor viene cargado
de lluvia
ahora que las cabras no saben más
que mascar en el huerto cerca de los susurros
las gallinas y los astros.
Ahora podría darse el alfabeto
genuino
en el que dejemos de ser dos
    cuerpos horizontales uno sobre el otro uno dentro del
    movimiento para ser el paisaje verde y amarillo y agua
miro a través de la ventana que cede
nubes rasgadas y la percepción inexacta
y vuelvo a entender que el mar es
recordar, sí, el cuerpo propio
frente al cuerpo del mundo.

2009

Como en otra era
hablamos nuestro propio
lenguaje animal
esperando así alcanzar
cada uno de los corazones.
Imagina a los que vivían allí
a los que cocinaban comidas periféricas
y veían las sonrisas derretirse
mientras pasaban con los pies enrojecidos
ya no somos ellos
pero seguimos alimentando
el lenguaje compartido
con manos abiertas
¿mirarás atrás?
el invierno se expande y marca el límite
de nuestros cuerpos de ahora
y nuestros cuerpos de entonces.

¿Quién dijo que permaneceríamos?
Un corazón silencioso
es un espacio caliente para recordar.

NUNCA HE VISTO UNA TORMENTA EN EL DESIERTO
pero sé que es un muro
que se levanta furioso.
No hay horizonte, todo queda rojo,
como una bandera en llamas.

UN DESFILADERO DE PAISAJES SORDOS
nada se parece a una nación
los colores son corpóreos
y animales
sin embargo, te echas a dormir
sobre la arena.

DESEO QUE DESAPAREZCAN
todas las cosas inventadas
los países
la infancia
nuestros lugares de nacimiento
para que entre nosotras existan
milímetros de distancia, llenos de
briznas y alguna hormiga con sed
dos puntos en un mapa no significan nada
más que cuerpos removidos.

Wild tongues can't be tamed.
GLORIA ANZALDÚA

OYE CÓMO LADRA / EL LENGUAJE DE LA FRONTERA
pero estamos sordas por el líquido
que fluye en los oídos
los canales de nuestra escucha son
un lavado
casi un rito
que nos deja de piedra para no entender
no cruzar la línea / no
la frontera
no vaya a ser que alguien
del otro lado   alguien

usaron la palabra doma
y todo lo que antes era tierra
fue de golpe laberinto.

Marcha verde

Cuando sus dientes rompen contra la piedra / cuando la
piedra

deja de entenderse piedra para ser restos
de dientes rotos y arenisca

con maestría señala su lengua
un lenguaje que no existe sale
porque al rasgar
la letra dentro de la boca

un
reguero
de sangre
reguero

amanece y rompe la sentencia
SENTENCIA

aprovechar la cobardía / el poder de los peces
para organizar una epopeya
que se cuenta en secreto

el artificio del lenguaje
en este desierto es la sangre.

REPETIR LAS BOCAS HASTA QUE LA MEMORIA CESE,
los gestos de saliva pueden ser muchos:
una cura, un lugar de encuentro,
un desprecio.

Nuestros desechos juntos
sobre la nieve se derriten,
sobre el polvo forman territorio.

Elementos, conjuntos residuales
de nuestra existencia.

¿NO ES TODO POEMA UNA CARTA
donde se hace posible
el encuentro de lenguajes
en los hemisferios que levitan
como tu cuerpo arenoso
abrazado a la tierra verde?

Y PUEDE QUE TODO LO QUE TRAÍAS
estuviera ya encontrado.

Todo
lo que contaste:
la grieta ligera del corazón.

MAGIA REGALADA
haz de nuestros cuerpos
un chamán único
deja que en la selva
nazcan ranas de color de huida
crea un nudo blanco
danos la mirada
haz que mi cuerpo
sea su cuerpo
mi cuerpo.

ALGUIEN, COMO UNA NIÑA COMO NOSOTRAS
en la noche aprieta un fantasma
en algún lugar
alguien se aterra de su propio cuerpo
dilatado en un desierto
ahora no se puede ver, está oscuro
y somos crías de pájaro en el mundo
como un diente caído.

Silencio

Duerme / amortiguado
el cuerpo en una promesa.

Unas notas

1975

La traición que permitirá el encuentro. En 1975 tiene lugar la Marcha Verde, ideada por el rey marroquí Hassan II y con la finalidad de ocupar los territorios del Sáhara Occidental, por entonces colonia española. Se trató de un acontecimiento estratégico que dio lugar a los llamados Acuerdos (ilegales) de Madrid, firmados el 14 de diciembre de ese año, en los que España cedía (abandonaba) el Sáhara a Marruecos y Mauritania, sin darle opción a la autodeterminación.

2001

Primer encuentro. Chekeiber llega a España a través del programa de acogida Vacaciones en Paz[1]: pasará dos meses en mi casa. Mi familia se adentra en la causa saharaui como activistas por la autodeterminación del pueblo saharaui. La esperaremos durante los próximos tres veranos.

2004

Reencuentro. Chekeiber sufre una fractura en el brazo mientras monta en bicicleta durante uno de los veranos en nuestra casa. Pasa el año escolar viviendo en España por razones médicas.

---

1   Mientras que el gobierno español miraba hacia otro lado, una red de asociaciones no gubernamentales intentaron colaborar con la causa a través de diferentes campañas de cooperación. Entre todas las actividades llevadas a cabo por esta red de asociaciones de amigos del pueblo saharaui, se encuentra el proyecto de Vacaciones en Paz, que consiste en la permanencia de niños y niñas saharauis en familias de acogida españolas a lo largo del territorio español durante dos meses de verano.

2009

El *encuentro*. Hago mi primer viaje a los campamentos de refugiados saharauis en Tindouf. Conozco la realidad de Chekeiber. La «Historia» se deshace y rehace en su propio relato sociopolítico, emocional, fracturado. El lenguaje sigue sin servir.

Chekeiber llegó a mi vida con siete años recién cumplidos. Yo tenía ocho. Ambas habitábamos la raíz más tierna de la infancia. Lo que aún no llegábamos a entender del todo –pero, sin embargo, intuíamos– era que cada raíz venía regada por aguas muy distintas. Chekeiber llegó a mi vida una noche fría de verano, desterrada de su contexto. Al día siguiente intenté mostrarle, juntos a mis padres, el brillo de las cosas nuevas y ella se abría, inteligente y serena, para mostrarme a mí el brillo de las cosas distintas. Nos tumbamos en el césped tímidas, dimos un paseo por el pueblo. Mi niñez se acentuaba con su niñez. Su experiencia crecía con mi experiencia. No nos hacíamos muchas preguntas: nos teníamos en frente.

Éramos, la una para la otra, dos cuerpos extrañamente familiares.

Este libro no ha sido más que un intento de carta. Carta a una pérdida. O a muchas pérdidas. La de un vínculo fraterno compartido en un mismo espacio, en una misma vida, la pérdida de una tierra originaria, pero sobre todo la de una niñez que conocí tan de cerca y que se vio truncada.

La voz narradora se asoma con cautela a un mundo que desatiende la realidad de otra voz de infancia, que irrumpe para recordar e interpelar desde el otro lado. Gracias, Chekeiber, por crear, por leer, por hablar este texto.

Espero que el libro sea, también, y fundamentalmente, una carta de amor, un ejercicio de memoria a la infancia sin bordes.

ÍNDICE

Este libro se terminó de imprimir
en mayo de 2024

RIL® editores • España

europa@rileditores.com

Se utilizó tecnología de última generación que reduce
el impacto medioambiental, pues ocupa estrictamente el
papel necesario para su producción, y se aplicaron altos
estándares para la gestión y reciclaje de desechos en
toda la cadena de producción.